D0473323

4

YOUER HANYU

幼儿汉语

北京华文学院 编

暨南大学出版社

图书在版编目（CIP）数据

幼儿汉语　第4册/北京华文学院编.—广州：
暨南大学出版社，2004.12
ISBN 7-81079-197-4

Ⅰ.幼…
Ⅱ.北…
Ⅲ.汉语—儿童教育—对外汉语教学—教材
Ⅳ.H195.4

中国版本图书馆CIP数据核字（2002）第090023号

监　制：中华人民共和国国务院侨务办公室
（中国·北京）
监制人：刘泽彭
电话/传真：0086-10-68320122

编写：北京华文学院
（中国·北京）
电话/传真：0086-10-68310837

出版/发行：暨南大学出版社
（中国·广州）
电话/传真：0086-20-85221583

印刷：东港股份有限公司
2003年1月第1版　　2016年8月第19次印刷
787mm×1092mm　1/16

版权所有　翻印必究

编写说明

《幼儿汉语》是中华人民共和国国务院侨务办公室、中国海外交流协会委托北京华文学院编写的一套幼儿汉语教材。本教材既可作为海外4~6岁学前班、幼儿园华裔少儿的课堂教学用书，也可作为家庭自学教材使用。

《幼儿汉语》作为《汉语》系列教材的学前部分，共包括课本4册，《教师参考书》1册。《教师参考书》对课本的使用做了有益的提示，对课文内容进行了有机的扩展，配合使用效果最佳。

本教材的教学目的是通过系统的学习和训练，使少儿具有最基本的汉语听说能力；能正确书写汉字的基本笔画；能认读课本中出现的基础汉字，从而培养海外少儿从小说汉语、写汉字的习惯和兴趣，为接受小学阶段的华文教育打下良好的基础。

本套教材首次推出，期盼海外广大使用者不吝赐教，以期再版时修订。

编　者

2002年7月

主　　编：彭　俊

副 主 编：陈　默

编写人员：（以姓氏笔画为序）

孔雪梅　邵力敏　吴向华　陈　默　彭　俊

责任编辑：李　战　陈鸿瑶

美术编辑：陈　毅

目 录

1 你几岁了…… 1

2 生日快乐…… 7

3 现在几点…… 13

4 我七点起床…… 19

5 我们下午去游泳…… 25

6 你怎么了…… 31

7 苹果有点儿酸 …… 37

8 我有点儿饿 …… 43

9 我想去游乐园…… 49

10 欢迎来北京…… 55

词汇表…… 61

kè wén
课 文

1 你几岁了

nǐ jǐ suì le

1 你几岁了

nǐ jǐ suì le

dú yi dú
读一读

wǒ sān suì le
我三岁了。

liù suì
六岁

sì suì
四岁

sān suì
三岁

wǔ suì
五岁

1 你几岁了

nǐ jǐ suì le

shuō yi shuō
说一说

nǐ jǐ suì le
A：你几岁了？

wǒ sān suì le
B：我三岁了。

①

②

③

④

lián yi lián
连一连

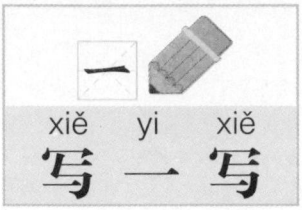

wǒ men
我们

一	二	于				
手	我	我	我			
我	我	我	我	我	我	我

丿	亻	亻	们	们		
们	们	们	们	们	们	们

nǐ jǐ suì le
你几岁了？

shēng rì
生日

shēng rì dào zhǎng yí suì
生日到，长一岁，
zì jǐ chī zì jǐ shuì
自己吃，自己睡，
zì jǐ shì qing zì jǐ zuò
自己事情自己做，
mā ma kuā wǒ hǎo bǎo bèi
妈妈夸我好宝贝。

kè wén
课 文

2 生日快乐

shēng rì kuài lè

dú yi dú
读一读

shēng rì kuài lè
生日快乐！

xīn nián
新年

shèng dàn jié
圣诞节

chūn jié
春节

mǔ qīn jié
母亲节

2 生日快乐 shēng rì kuài lè

shuō yi shuō
说一说

shēng rì kuài lè
A：生日快乐！

xiè xie
B：谢谢！

①

②

③

④

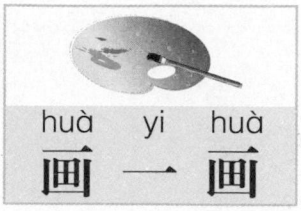
huà yi huà
画一画

一

xiě yi xiě
写一写

kuài lè
快 乐

丶	丶	忄	忄	忄	快	快
快	快	快	快	快	快	快

一	二	千	乐	乐		
乐	乐	乐	乐	乐	乐	乐

shēng rì kuài lè

生日快乐！

xīn nián hǎo

新年好

1 =F 3/4

欢快地

1 1 1 5 | 3 3 3 1 |
新 年 好 呀，新 年 好 呀，

1 3 5 5 | 4 3 2 — |
祝 贺 大 家 新 年 好！

2 3 4 4 | 3 2 3 1 |
我 们 唱 歌 我 们 跳 舞，

1 3 2 5 | 7 2 1 — :‖
祝 贺 大 家 新 年 好！

kè wén
课 文

3 现在几点

xiàn zài jǐ diǎn

3 现在几点 xiàn zài jǐ diǎn

dú yi dú
读一读

xiàn zài shí èr diǎn
现在十二点。

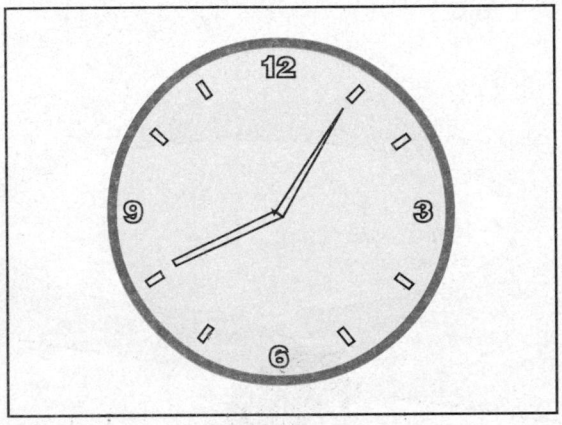

bā diǎn wǔ fēn
八点五分

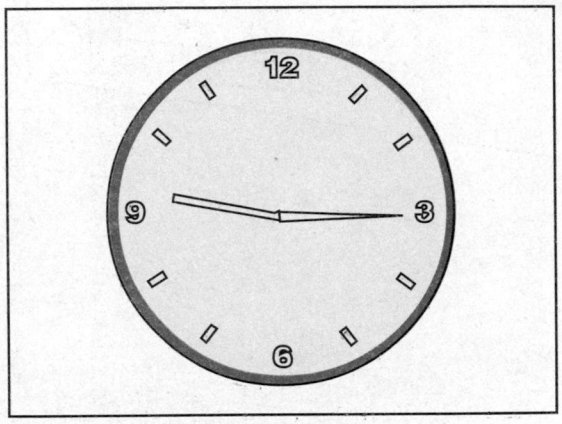

jiǔ diǎn shí wǔ fēn
九点十五分

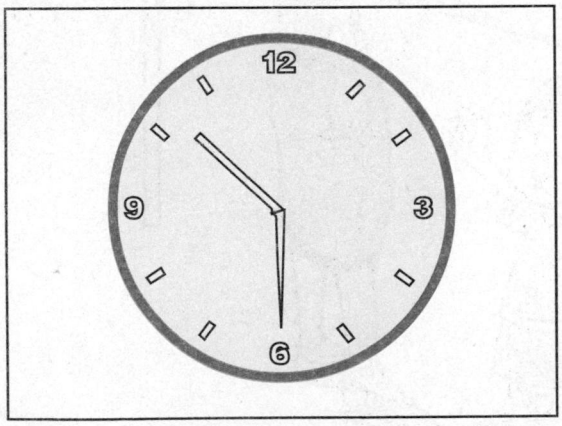

shí diǎn bàn
十点半

shí diǎn sì shí wǔ fēn
十点四十五分

3 现在几点 xiàn zài jǐ diǎn

shuō yi shuō
说一说

xiàn zài jǐ diǎn
A：现在几点？

xiàn zài bā diǎn
B：现在八点。

①

②

③

④

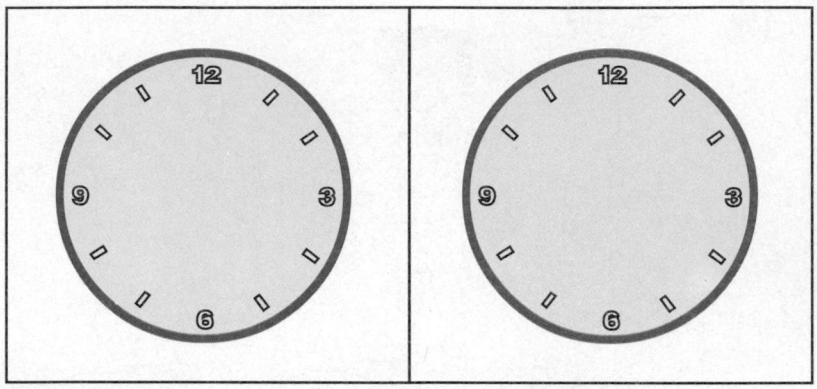

8：00　　4：10

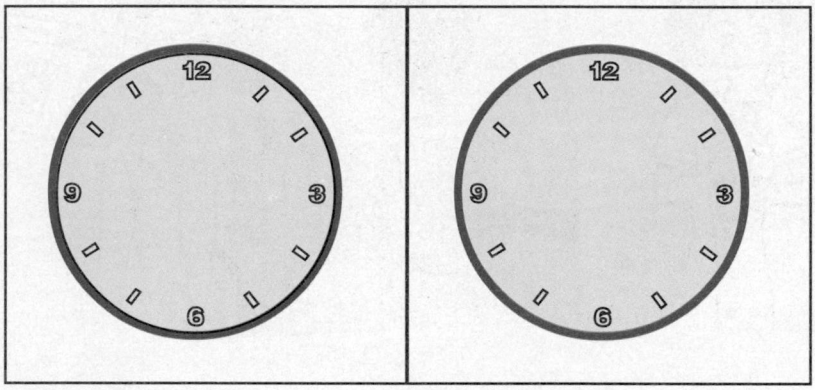

9：40　　6：30

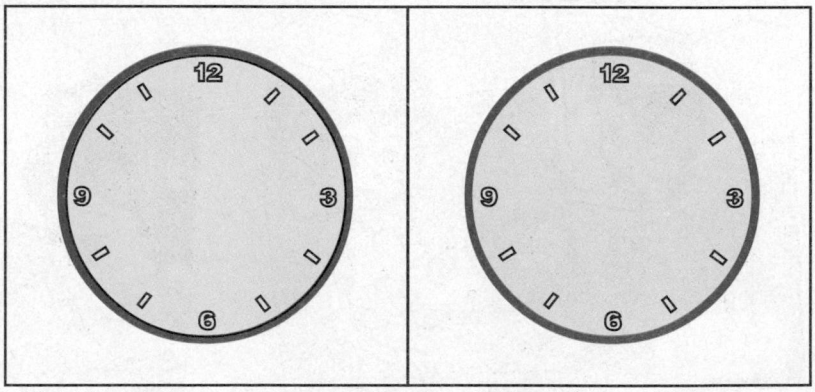

1：15　　5：45

一

xiě yi xiě
写一写

chūn jié
春节

一	二	三	夫			
夫	表	春	春	春		
春	春	春	春	春	春	春

一	十	艹	节	节		
节	节	节	节	节	节	节

jǐ diǎn le 几点了？

cháng gē xíng 长歌行

（汉）乐府诗

bǎi chuān dōng dào hǎi
百川东到海，

hé shí fù xī guī
何时复西归？

shào zhuàng bù nǔ lì
少壮不努力，

lǎo dà tú shāng bēi
老大徒伤悲！

kè wén
课 文

4 我七点起床

wǒ qī diǎn qǐ chuáng

4 我七点起床

wǒ qī diǎn qǐ chuáng

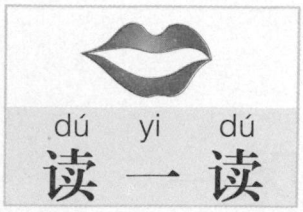

wǒ qī diǎn qǐ chuáng
我七点起床。

xǐ zǎo
洗澡

qù xué xiào
去学校

huí jiā
回家

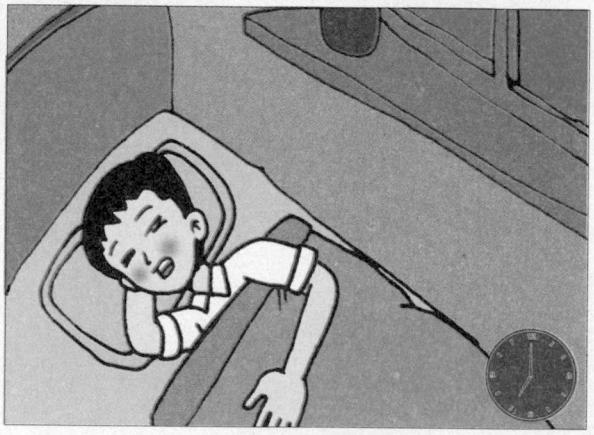

shuì jiào
睡觉

4 wǒ qī diǎn qǐ chuáng 我七点起床

shuō yi shuō
说一说

nǐ jǐ diǎn qǐ chuáng
A：你几点起床？

wǒ qī diǎn qǐ chuáng
B：我七点起床。

①

②

③

④

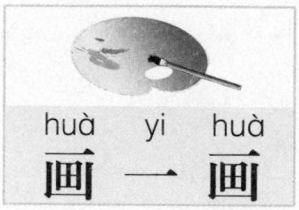
huà yi huà
画一画

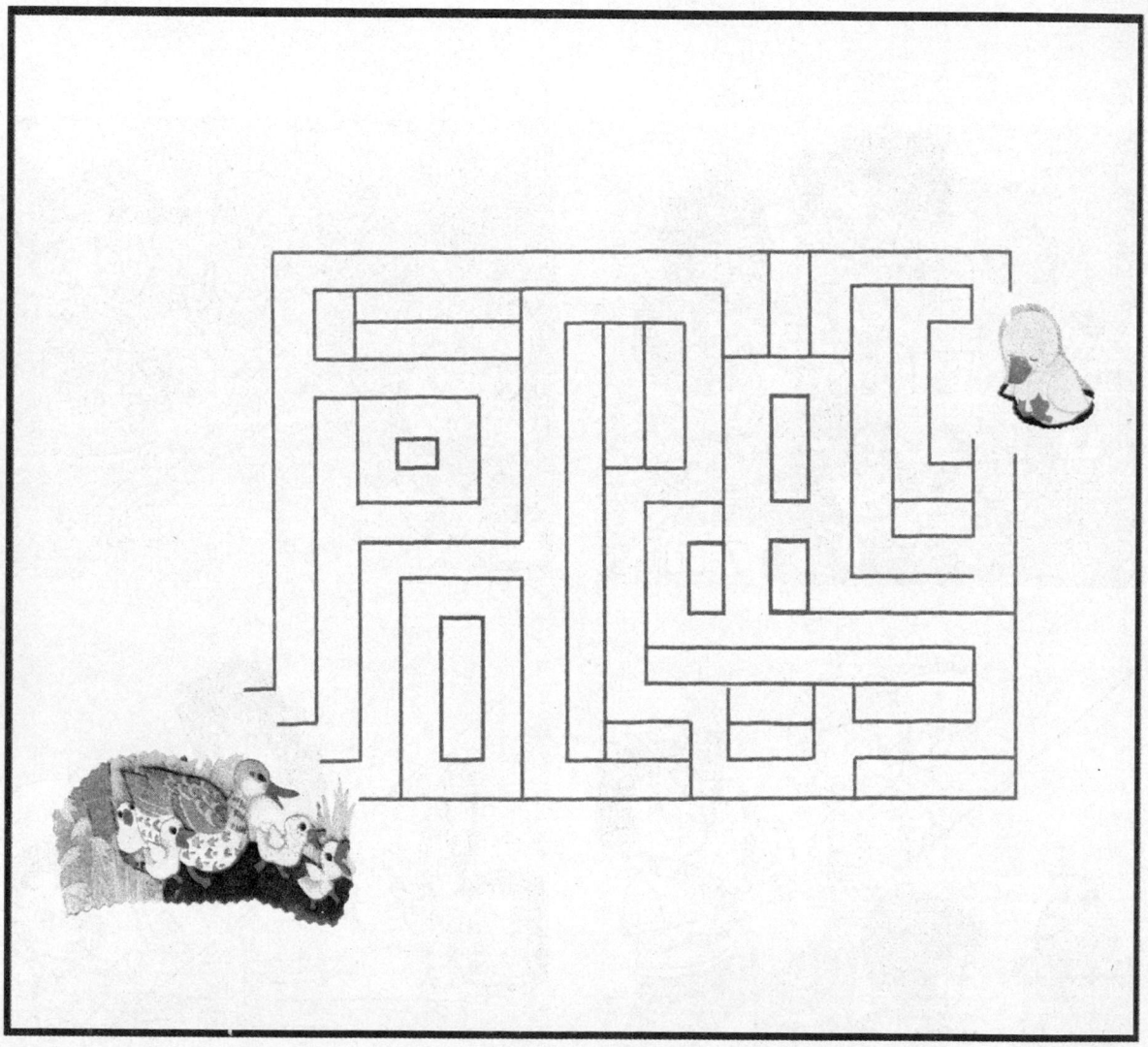

一

xiě yi xiě
写一写

diàn huà
电话

丨	冂	冃	曰	电		
电	电	电	电	电	电	电

丶	讠	讠				
讠	讠	讠	话	话		
话	话	话	话	话	话	话

xiǎo tù de yì tiān
小兔的一天

chūn xiǎo
春 晓

（唐）孟浩然

chūn mián bù jué xiǎo
春 眠 不 觉 晓，
chù chù wén tí niǎo
处 处 闻 啼 鸟。
yè lái fēng yǔ shēng
夜 来 风 雨 声，
huā luò zhī duō shǎo
花 落 知 多 少。

kè wén
课 文

5 我们下午去游泳

wǒ men xià wǔ qù yóu yǒng

5 wǒ men xià wǔ qù yóu yǒng 我们下午去游泳

dú yi dú
读一读

wǒ men xià wǔ qù yóu yǒng
我们下午去游泳。

shàng wǔ
上午

zhōng wǔ
中午

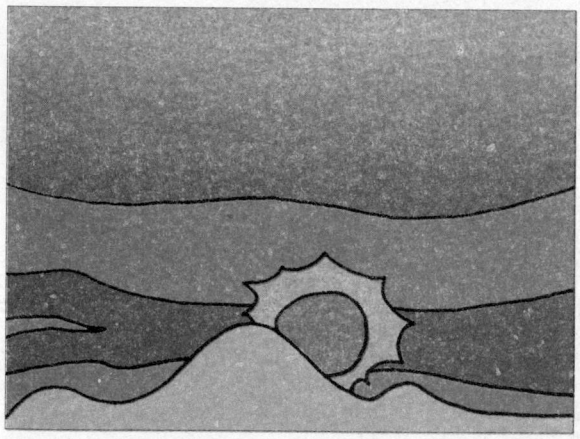

xià wǔ
下午

wǎn shang
晚上

5 wǒ men xià wǔ qù yóu yǒng 我们下午去游泳

shuō yi shuō
说一说

nǐ men shén me shí hou qù
A：你们什么时候去
yóu yǒng
游泳？

wǒ men xià wǔ qù yóu yǒng
B：我们下午去游泳。

①

②

③

④

lián yi lián
连一连

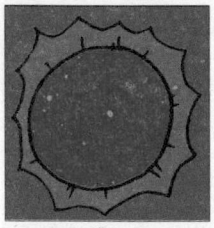

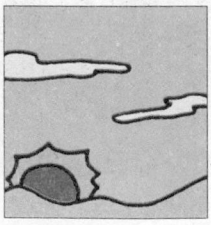

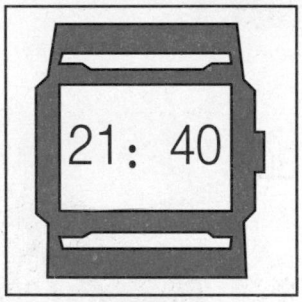

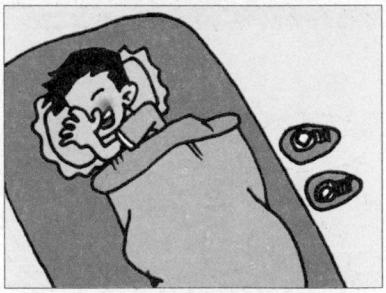

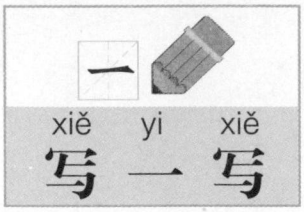

zhōng wǔ
中 午

丨	冂	口	中			
中	中	中	中	中	中	中

丿	𠂉	𠂉	午			
午	午	午	午	午	午	午

zuò yi zuò
做一做

yóu yǒng
游泳

xiǎo xiǎo shǒu pāi làng huā
小小手，拍浪花，

làng huā náo wǒ jiǎo yā ya
浪花挠我脚丫丫。

bā yí xià dēng yí xià
扒一下，蹬一下，

shuǐ lǐ lòu chū yuán nǎo guā
水里露出圆脑瓜。

bà ba lè mā ma kuā
爸爸乐，妈妈夸，

shuō wǒ xiàng zhī xiǎo qīng wā
说我像只小青蛙。

kè wén
课 文

6 你怎么了

nǐ zěn me le

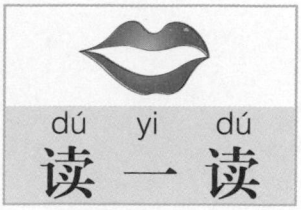

wǒ tóu téng
我 头 疼 。

yá
牙

dù zi
肚 子

shǒu
手

tuǐ
腿

6 你怎么了 nǐ zěn me le

shuō yi shuō
说一说

nǐ zěn me le
A：你怎么了？

wǒ tóu téng
B：我头疼。

①

②

③

④

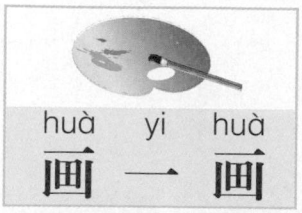
huà yi huà
画一画

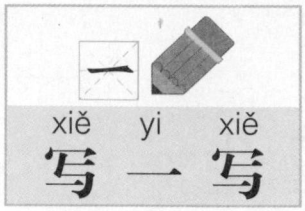

gōng yuán
公园

丿	八	公	公			
公	公	公	公	公	公	公

丨	冂	冂	冂	冂	冗	园
园	园	园	园	园	园	园

wǒ shì yī shēng
我是医生

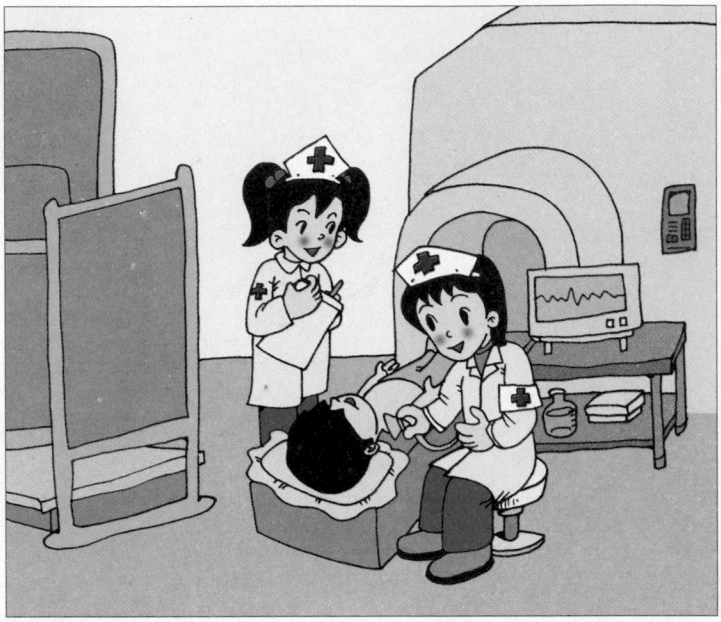

tiān tiān zuò cāo
天天做操

xiǎo péng you kuài zhàn hǎo
小朋友，快站好，

pái qǐ duì lái zuò zuò cāo
排起队来做做操，

shēn shēn shǒu wān wān yāo
伸伸手，弯弯腰，

tiān tiān zuò cāo shēn tǐ hǎo
天天做操身体好。

kè wén
课 文

7 píng guǒ yǒu diǎnr suān
苹果有点儿酸

7 苹果有点儿酸

píng guǒ yǒu diǎnr suān

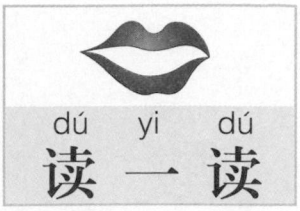

dú yi dú
读一读

píng guǒ yǒu diǎnr suān
苹果有点儿酸。

kě lè tián
可乐—甜

kā fēi kǔ
咖啡—苦

cài là
菜—辣

tāng xián
汤—咸

7 píng guǒ yǒu diǎnr suān
苹果有点儿酸

shuō yi shuō
说一说

píng guǒ hǎo chī ma
A：苹果好吃吗？

píng guǒ yǒu diǎnr suān
B：苹果有点儿酸。

① 甜

② 苦

③ 辣

④ 咸

suān
酸

tián
甜

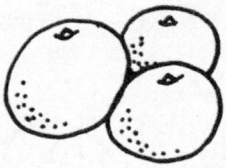

kǔ
苦

là
辣

一

xiě yi xiě
写一写

hǎo chī
好吃

好	好	好	好	好	好	好

吃	吃	吃	吃	吃	吃	吃

cāi yi cāi
猜一猜

xīn nián dào
新年到

xīn nián dào　　xīn nián dào
新 年 到 ， 新 年 到 ，

chuān xīn yī　　dài xīn mào
穿 新 衣 ， 戴 新 帽 ，

chī jiǎo zi　　guà chūn liánr
吃 饺 子 ， 挂 春 联儿 ，

pī pī pā pā　　fàng biān pào
噼 噼 啪 啪 放 鞭 炮 。

kè wén
课 文

8 我有点儿饿

wǒ yǒu diǎnr è

8 wǒ yǒu diǎnr è 我有点儿饿

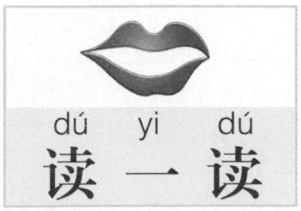

dú yi dú
读一读

wǒ yǒu diǎnr è
我有点儿饿。

kě
渴

lèi
累

kùn
困

è
饿

8 我有点儿饿

wǒ yǒu diǎnr è

shuō yi shuō
说一说

nǐ è ma
A：你饿吗？

wǒ yǒu diǎnr è
B：我有点儿饿。

①

②

③

④

8 wǒ yǒu diǎnr è 我有点儿饿

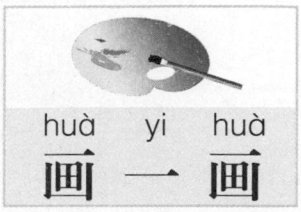

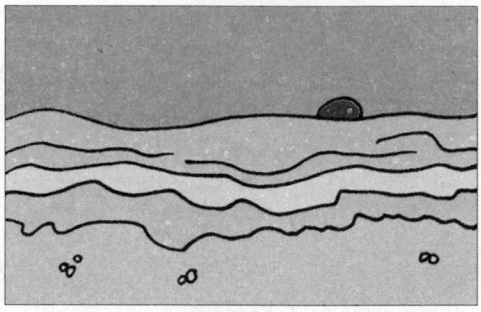

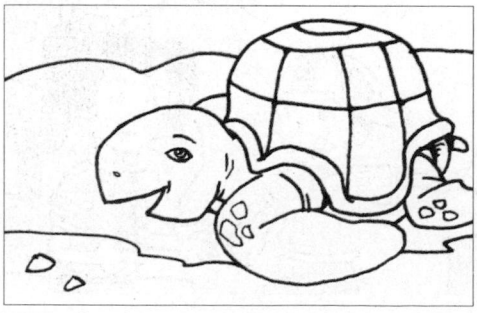

一

xiě yi xiě
写一写

guǒ zhī
果汁

丨	冂	冂				
曰	旦	甲	果	果		
果	果	果	果	果	果	果

丶	丶	氵	氵一	汁		
汁	汁	汁	汁	汁	汁	汁

cāi ·yi cāi
猜一猜

xiǎo bǎn dèng
小板凳

xiǎo bǎn dèng zhēn tīng huà
小板凳，真听话，

gēn wǒ yì qǐ děng mā ma
跟我一起等妈妈，

mā ma xià bān huí dào jiā
妈妈下班回到家，

wǒ qǐng mā ma kuài zuò xia
我请妈妈快坐下。

kè wén
课 文

9 我想去游乐园

wǒ xiǎng qù yóu lè yuán

9 wǒ xiǎng qù yóu lè yuán 我想去游乐园

dú yi dú
读一读

wǒ xiǎng qù yóu lè yuán
我想去游乐园。

dòng wù yuán
动物园

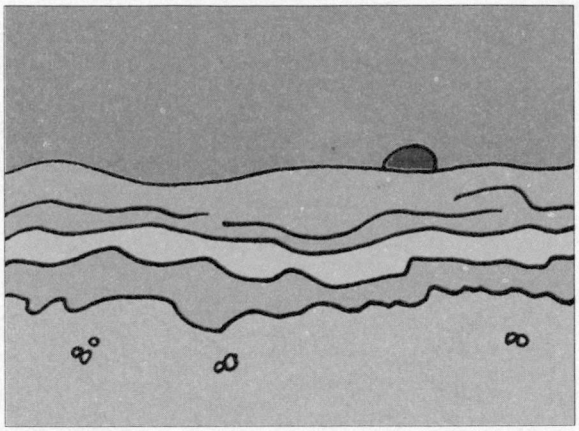

hǎi biān
海边

chāo shì
超市

gōng yuán
公园

9 wǒ xiǎng qù yóu lè yuán 我想去游乐园

shuō yi shuō
说一说

míng tiān nǐ xiǎng qù nǎ li
A：明天你想去哪里？

wǒ xiǎng qù yóu lè yuán
B：我想去游乐园。

①

②

③

④

9 我想去游乐园

wǒ xiǎng qù yóu lè yuán

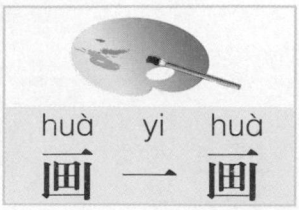

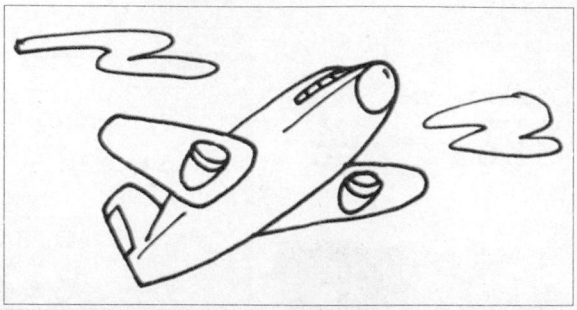

一

xiě yi xiě
写一写

míng tiān
明天

丨	冂	月				
日	日	明	明	明		
明	明	明	明	明	明	明

一	二	于	天			
天	天	天	天	天	天	天

zhè shì shén me dì fang
这是什么地方？

xīng xing
星 星

mǎn tiān xīng xing
满 天 星 星 ，

zhǎ zhǎ yǎn jing
眨 眨 眼 睛 ，

nà kē zuì liàng
那 颗 最 亮 ，

zhào dào běi jīng
照 到 北 京 。

kè wén
课 文

10 huān yíng lái Běi jīng 欢迎来北京

10 huān yíng lái Běi jīng 欢迎来北京

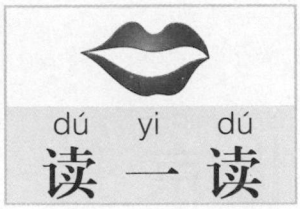

huān yíng lái Běi jīng
欢 迎 来 北 京 。

Xiāng gǎng
香 港

Shàng hǎi
上 海

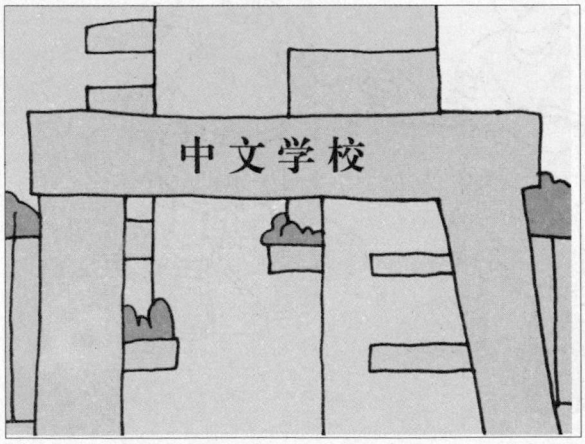

zhōng wén xué xiào
中 文 学 校

wǒ jiā
我 家

10 huān yíng lái Běi jīng 欢迎来北京

shuō yi shuō
说一说

huān yíng lái Běi jīng
A：欢迎来北京！

jiàn dào nǐ men hěn gāo xìng
B：见到你们很高兴！

①

②

③

④

10 huān yíng lái Běi jīng 欢迎来北京

10 huān yíng lái Běi jīng 欢迎来北京

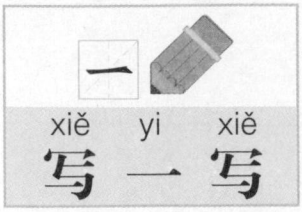

Běi jīng
北京

丨	丨	丨	丨	北		
北	北	北	北	北	北	北

丶	亠	亠				
亠	亠	亨	亨	京		
京	京	京	京	京	京	京

10 huān yíng lái Běi jīng 欢迎来北京

jiàn dào nǐ hěn gāo xìng 见到你很高兴！

xiǎo yàn zi 小燕子

1 = C 2/4

3 5 i 6 | 5— | 3 5 6 i | 5— |
小 燕 子， 穿 花 衣，
i · 3 | 2 i | 2 i 6 i | 5— |
年 年 春 天 来 这 里，
3 · 5 | 6 5 6 | i 2 5 | 6— |
我 问 燕 子你 为 啥 来，
3 2 1 | 2— | 2 2 3 | 5 5 | i 2 3 | 1— ||
燕 子 说 这 里 的 春 天 最 美 丽。

词汇表

vocabulary

1

岁	suì	age

2

生日	shēngrì	birthday
快乐	kuàilè	happy
新年	xīnnián	new year
圣诞节	shèngdànjié	Christmas
母亲节	mǔqīnjié	Mother's Day
春节	chūnjié	Spring Festival

3

现在	xiànzài	now
点	diǎn	clock
分	fēn	minute
刻	kè	quarter

4

起床	qǐchuáng	get up
洗澡	xǐzǎo	take a shower
学校	xuéxiào	school
回家	huí jiā	go home
睡觉	shuìjiào	go to bed

5

我们	wǒmen	we
你们	nǐmen	you
时候	shíhou	time
下午	xiàwǔ	afternoon
上午	shàngwǔ	morning
中午	zhōngwǔ	noon
晚上	wǎnshang	evening

6

怎么了	zěnmele	what's wrong
疼	téng	ache; pain
牙	yá	tooth
肚子	dùzi	stomach
手	shǒu	hand
腿	tuǐ	leg

7

好(吃、喝)	hǎo(chī、hē)	delicious
有点儿	yǒudiǎnr	a little
酸	suān	sour
甜	tián	sweet
苦	kǔ	bitter
菜	cài	dish course
辣	là	peppery
汤	tāng	soup
咸	xián	salty

8

饿	è	hungry
渴	kě	thirsty
累	lèi	tired
困	kùn	sleepy

9

明天	míngtiān	tomorrow
想	xiǎng	want
动物园	dòngwùyuán	zoo
海边	hǎibiān	seaside

10

欢迎	huānyíng	welcome
来	lái	to come
北京	Běijīng	Beijing
香港	Xiānggǎng	HongKong
上海	Shànghǎi	Shanghai
中文学校	zhōng wén xuéxiào	Chinese school
我家	wǒ jiā	my home